DES

ÉTABLISSEMENS MONÉTAIRES

DE CATALOGNE.

DES ÉTABLISSEMENS MONÉTAIRES de Catalogne,

ET DE LEUR INFLUENCE SUR

la guerre de 1808;

PAR M. GROSSET,

Commissaire du Roi près la Monnaie de Perpignan.

PERPIGNAN.
IMPRIMERIE DE JEAN-BAPTISTE ALZINE.

1836.

DES ÉTABLISSEMENS
MONÉTAIRES DE CATALOGNE,
ET DE LEUR INFLUENCE
SUR LA GUERRE DE 1808.

Parmi les états qui ont alimenté la fabrication monétaire en France, l'Espagne doit être placée au premier rang. Ses vastes possessions des Amériques, où elle exerçait un monopole exclusif, offraient à notre commerce des débouchés très étendus. Les soieries, les draps, les velours, etc., qu'on expédiait de nos fabriques pour l'Espagne, faisaient entrer en France des capitaux énormes[1] qui, versés au change des mon-

---

[1] Il résulte de la compulsion des livres de la maison Jué de Perpignan, qu'en 1788, elle a reçu près de 100 millions en piastres, lingots et quadruples, venant d'Espagne.

naies excentriques, étaient nationalisés par le monnayage et rendus au commerce, sans que ce dernier fût exposé aux frais et aux risques qui seraient résultés de leur transport à une monnaie centrale.

Les hôtels des monnaies de Bayonne, Perpignan et Toulouse[1] acquirent un grand développement d'activité. Ces établissemens, favorisés par une ligne de 80 lieues de montagnes, coupée par des vallées où les hameaux sont tantôt français tantôt espagnols, étaient alimentés, et par la population de ces contrées, dont la contrebande est un des moyens d'existence, et par d'autres opérations, résultant de la guerre avec la Grande-Bretagne, qui forçaient le commerce du continent à transiter toutes les marchandises par les Pyrénées.

Les colonies espagnoles, en se déclarant indépendantes, tarirent, pour la Péninsule, la source de toutes ses richesses, et déplacèrent le centre du commerce des métaux, dont le rayonnement s'étendait sur les établissemens monétaires de la frontière française, et qui ne s'opérait, avant cette révolution, que par les ports de Cadix, Le Ferrol, Barcelone, etc.

Cependant, malgré la perturbation de tant d'intérêts, la France ne se ressentit pas long-tems de la révolution de 1808. La guerre et l'occupation de quelques provinces espagnoles par ses armées, amenaient chez elle des capitaux immenses, qui étaient importés par suite d'opérations commerciales ou qui provenaient des contributions prélevées sur les habitans. On pourra juger, par le relévé des fabrications faites

---

[1] L'arrêté du 10 prairial an XI, rétablit la monnaie de Toulouse qui avait été supprimée par un édit de 1772.

dans les établissemens monétaires des Pyrénées, de 1808 à 1814, quelle importance avaient nos rapports avec l'Espagne.

MONNAIES.	1808.	1809.	1810.	1811.	1812.	1813.	1814.	TOTAL.
Bayonne...	773,700	1,211,600	1,063,000	6,043,000	5,188,500	6,303,000	»	20,582,800
Bordeaux.	758,600	699,100	4,057,100	5,975,000	8,460,500	6,564,500	»	23,514,800
Perpignan	292,300	236,600	718,100	6,435,000	7,660,500	9,986,500	1,930,000	27,259,000
Toulouse..	2,584,000	343,000	470,300	6,950,500	8,674,000	11,758,500	1,982,000	32,762,300
TOTAUX	4,408,600	2,490,300	3,308,500	25,403,500	29,983,500	34,612,500	3,912,000	104,118,900

Les provinces espagnoles, épuisées par la quantité de numéraire qui, enfoui ou exporté, diparaissait de la circulation, cherchèrent à remédier à sa rareté. On sentit que, dans un moment où toutes les ressources étaient en quelque sorte taries, il fallait faciliter aux habitans les moyens de pourvoir à leur existence, en ouvrant des fabriques de monnaie qui leur permissent de vendre leur argenterie, leurs bijoux, etc., et de remplacer ainsi dans la circulation le numéraire, devenu le seul signe de la fortune publique et privée.

Les Français qui occupaient Barcelone, où ils étaient resserrés par un blocus rigoureux, portèrent les autorités de la ville à ouvrir un établissement monétaire. D'un autre côté, les juntes de Girone, de Tarragone et de Lérida, villes qui n'avaient pas les mêmes moyens de créer des établissemens de ce genre, et où les besoins n'étaient pas moins impérieux, mirent aussi en circulation des monnaies, dont le titre, comme la fabrication, se ressentirent des évènemens qui provoquèrent leur émission[1].

Ces monnaies éveillèrent l'attention de la junte de Catalogne qui, sans influence comme sans crédit, par l'établissement des Français dans les principales places de la province et par les bandes qui pillaient et volaient en son nom, prit le seul parti qui existât peut-être pour se procurer de l'argent, organiser un pouvoir central et soutenir la guerre avec quelques chances de succès. Cette junte décida qu'on s'occuperait, le plus promptement possible, de former un

---

[1] *Gerona, Tarragona y Lerida, forjaron á impulsos de su zelo, y como lo permitieron las circunstancias monedas municipales* (AMAT).

établissement monétaire qui permettrait d'utiliser les métaux précieux que possédaient encore les monastères, les églises et la partie de la province qui, n'étant pas occupée par les armées françaises, pouvait fournir de nombreux subsides, dont la perception serait régularisée par des agens émanant de son autorité.

Cette opération offrait les plus grands obstacles. Il fallait songer, en effet, à la création d'un système d'établissement monétaire qui, selon les chances de la guerre, pût être transporté d'un point à un autre[1]. Il fallait également entourer cet établissement d'un titre monétaire qui n'avait été accusé, dans les pièces obsidionales de Girone, Tarragone et Lérida, qu'avec les mêmes tolérances de l'orfévrerie espagnole[2]. Il importait aussi de fabriquer des coins à effigie, et au même type que ceux des piastres frappées à Madrid, afin que les nouvelles pièces fussent reçues pour la même valeur, sans se ressentir du discrédit qui se manifestait déjà contre les monnaies obsidionales, dont les contrefaçons étaient si nombreuses.

Un moine[3], graveur aussi habile qu'habile mécanicien et un officier supérieur d'artillerie, qui avait été attaché à une fonderie de canons, triomphèrent de toutes ces difficultés.

---

[1] Il est curieux de voir figurer dans la balance des comptes de la fabrication monétaire l'achat de « *un carro y una tartana, con sus arreos, y una mula, con sus aparejos y guarniciones* » pour le transport du matériel.

[2] Il y a une grande différence entre le titre monétaire et celui de l'orfévrerie. Le premier ne comporte qu'une tolérance de quelques millièmes, tandis que l'orfévrerie peut varier depuis 0,738 jusqu'à 0,896.

[3] F. Joaquin, carmélite déchaussé.

Comme la création d'un matériel monétaire exigeait des travaux préparatoires, on songea d'abord à utiliser celui que Lérida et Girone avaient improvisé, et on envoya dans ces villes des coins à l'effigie du souverain (*V. les Planches* N°s 6 et 7), afin d'empêcher la sortie des métaux qui se vendaient à vil prix; mais les moyens de frappage que l'urgence avait fait adopter pour poinçonner les flans, ne purent donner de nombreuses fabrications. Un coup de balancier ou de toute autre machine, donné sur des coins non parallèles, le défaut de centrage, la préparation de la matière, etc., furent autant de causes qui, en accélérant leur destruction et en donnant de nombreux rebuts, obligèrent la junte de renoncer à leur conservation, et de s'occuper activement de l'organisation du matériel nécessaire pour une fabrication régulière, résultant du poids, du titre et du type. Le 31 mai 1809, la monnaie établie à Reus, d'après une décision de la junte centrale, put se livrer à la fabrication.

C'est à la création des établissemens monétaires de Catalogne et particulièrement de celui de Reus, que la junte dut l'avantage de pouvoir lutter pendant longtems contre les troupes françaises qui sillonnaient son territoire; elle y puisa une force d'action que la plupart des guerres n'ont pas offert avec la même énergie: elle opposa aux aigles impériales des corps d'armée régulièrement organisés, dont les succès partiels, comme les déroutes, furent quelquefois occasionnés par la rareté du numéraire [1], résultant de la stagna-

---

[1] La rareté du numéraire a produit deux *déroutes* dans les armées. (Décret du 18 juillet 1809.)

tion forcée de la monnaie de Reus ¹. Aussi l'Europe étonnée en voyant surgir, comme par enchantement, des armées improvisées, habillées et soldées, sans en appeler à ses subsides, ne put croire à tant de choses, regardées comme impossibles ². Et cependant cette organisation financière, alors que toutes les branches du revenu public étaient annihilées, cet héroisme qui excita notre admiration dans plus d'un siége mémorable, ces soldats improvisés qui se recrutaient dans les guérillas et qui obéissaient à la voix de leurs vieux généraux, furent le résultat de la force morale que la junte puisa dans les ressources pécuniaires créées par les établissemens monétaires de Catalogne, et surtout par ceux de Reus et de Tarragone, dont un moine seul assura le succès. Il trouva dans son talent, au milieu des désastres de la plus injuste des agressions, le moyen de récompenser encore par un signe distinctif ³ la bravoure et la constance de la jeunesse enrégimentée ⁴. Lorsque ce religieux,

¹ Les Français avaient occupé cette ville depuis le 26 février jusqu'au 19 mars 1809.
² La Catalogne entretenait à ses frais, et *sans aucun secours du trésor*, 46,000 hommes (*V. les Mémoires du* maréchal Gouvion St.-Cyr).
3 Voir les nᵒˢ 19, 20 et 21. Ces décorations furent en or et en argent; celles en or étaient à 0,916. Le nᵒ 21 fut exclusivement destiné aux soldats et aux sergens; voici le nombre des médailles frappées :

AU 21 JUILLET 1813.	DU 21 JUILLET 1813 à 1814.	TOTAUX.	OBSERVATIONS.
1,175.	310.	1,485.	Dans ce nombre ne se trouve pas comprise la médaille pour les batailles de Bagur et de Palamos; il n'en fut tiré que dix environ.

4 *Mémoires* du maréchal Suchet.

dans le silence du cloître, consacrait ses loisirs à l'etude de la mécanique, qui lui aurait dit que la patrie réclamerait un jour le fruit de ses travaux!

Cette monnaie, créée par la junte et dont nous ferons connaître plus tard l'organisation, mit en circulation, comme la monnaie établie à Barcelone, des pièces d'or, d'argent et de cuivre, qui permirent aux populations de subvenir à leurs besoins, aux charges de la guerre, et d'augmenter les moyens de résistance que l'exaltation politique et religieuse, soutenue par ces valeurs monétaires, contribuèrent à rendre si énergique.

Les différens types des monnaies frappées depuis 1808 en Catalogne, n'étant décrits dans aucun traité de change, je crois devoir céder à la sollicitation de quelques amis, en publiant les notes privées que la nature de mes fonctions m'a permis de recueillir. Ces renseignemens, puisés aux sources les plus respectables[1], pourront peut-être offrir quelque intérêt.

MONNAIE DE BARCELONE.

Ce fut le 12 février 1808 que les Français occupèrent la ville de Barcelone. Le 21 août de la même année, on y établit un hôtel des monnaies, nécessité par les besoins de numéraire qu'éprouvaient les habitans et qui résultait du blocus rigoureux de cette place.

On arrêta[2] que des pièces d'or, d'argent et de cuivre y seraient frappées, et que les armes de la ville (avec

---

[1] Salat, D. J. de Amat, etc.
[2] Bando (21 août 1808).

un léger ornement, qui varierait selon la nature des espèces), la valeur et le millésime constitueraient les signes distinctifs de ces monnaies.

Voici la désignation des espèces :

Or .... { pièce de la valeur de 2 écus ou de 4 duros.
{ ——————— de 1 id. ou de 2 id.

Argent... { ——————— de 1 duro ou de 5 peset.
{ ——————— de 2 pesetas ½.
{ ——————— de 1 peseta.

Cuivre... { ——————— de 4 cuartos.
{ ——————— de 2 id.
{ ——————— de 1 id.
{ ——————— de ½ id. á ochavo.

Malgré l'activité de cette monnaie, le gouvernement militaire français, voyant qu'on n'avait pas frappé, depuis trois ans qu'elle était ouverte, des pièces d'or, chercha à connaître la cause qui ne mettait pas ce métal en rapport avec la valeur qu'il avait dans les provinces circonvoisines. Un arrêté du 29 novembre 1811 décida qu'il serait frappé des monnaies en or de 20 pesetas. Un nouveau tarif fixa le prix auquel les matières d'or seraient reçues au change de la monnaie, après qu'un essai en aurait constaté le titre. J'ai cru devoir, en reproduisant ce tarif, le comparer avec celui qui réglait à cette époque la valeur des matières d'or versées dans les établissemens monétaires français.

TARIF D'APRÈS LE DÉCRET du général MAURICE MATHIEU, gouverneur de Barcelone (29 novembre 1811).			RÉDUCTION EN DÉCIMALES.			TARIF FRANÇAIS du 10 germinal AN XI.	
Poids.	Titre.	Valeur.	Poids.	Titre.	Valeur.		
once	karats	pesetas			f. c.	f.	c.
1	24	80	30,594	1,000	84 «	105	07
1	21	69 1/2	id.	0,875	92 47	91	74
1	18	59	id.	0,750	61 05	78	32
1	15	48 1/2	id.	0,625	50 42	65	17
1	12	38	id.	0,500	39 90	52	10

Après chaque fonte, le commissaire du gouvernement donnait aux essayeurs, en présence du conseil chargé de la direction des travaux, une pièce prise au hasard (*tomada á la aventura*) sur la masse de la fabrication. Lorsque la pièce se trouvait dans les tolérances de poids et de titre, on procédait à la vérification de la brève qui était remise au caissier, après en avoir préalablement écarté toutes les pièces défectueuses.

La monnaie de Barcelone a frappé, depuis la fin d'août 1808, époque où commencèrent ses travaux, jusqu'en mai 1814, où la fabrication cessa, les espèces suivantes, qui ont été dessinées avec le plus grand soin, d'après des pièces originales. Les bénéfices qui résultèrent de ces travaux furent appliqués aux hôpitaux civils de la ville et à d'autres charges municipales.

NATURE DES ESPÈCES fabriquées.	DÉSIGNATION des PIÈCES.	NUMÉROS des PIÈCES dessinées.	POIDS.	TITRE indiqué par Salat.	VALEURS DES ESPÈCES fabriquées en réaux de veillon.	TITRE DÉCIMAL reconnu.	POIDS MOYEN dans la circulation.	VALEURS.
			adarmes. grains.	karat	r. v. m.		gramm.	f. c.
Or............	20 pesetas.	4	3 27	21 1/4	766,240 »	0,856	7,12	201,138 »
Argent........	duro (cinq pesetas).	1	15 »	10 den. 18	20,009,520 »	0,896	27,05	5,252,499 »
	medio duro (2 prs. 1/2).	2	7 18	10 18	1,546,400 »	0,896	13,40	405,930 »
	peseta.	3	3 12	9 12	3,753,340 »	0,810	5,73	985,251 75
Cuivre........	4 cuartos.	»	»	»	3,359,077 »	»	»	⎫
	2 id.	»	»	»	218,247 »	»	»	⎬ 966,309 01
	1 id.	»	»	»	69,989 »	»	»	⎪
	1/2 id. (à ochavo).	23	»	»	33,868* »	»	»	⎭
								7,811,127 76

* Un décret du gouverneur de Barcelone (27 août 1811) ordonna de convertir en ochavos une petite monnaie provinciale appelée ardits. Il fallait 240 ardits ou deniers pour la livre catalane.

GIRONE.

La pièce désignée par le N° 5 fut mise en circulation à Girone dans l'année 1808. Un poinçon y reproduit le nom de Ferdinand VII (FER. VII). Le grenetis est fait au ciseau. Sur le revers est gravé GÑA, abréviatif de GERONA, le millésime ou la date de son émission et la valeur nominale de la pièce (DURO). Des orfèvres se chargèrent de découper et de couler ces pièces qui, étant ajustées à la lime et n'ayant point de cordon, ont été facilement altérées dans leur poids. L'argenterie des églises et des particuliers servit à sa fabrication, trop imparfaite pour ne pas avoir tenté la cupidité des faux monnayeurs.

Le titre de cette pièce, qui est très commune, varie depuis 0,720 jusqu'à 0,880, elle contient 0,00095 d'or (le titre moyen est à 0,860).

La pièce N° 6 a été frappée à Girone avec des coins monétaires ; son titre offre les mêmes variations que la précédente, si ce n'est que le poids en est plus fort. Cette pièce est assez rare aujourd'hui.

Les Français, sentant l'importance de Girone, comme point intermédiaire avec Barcelone, en firent le siège. La Junte n'attendit point que la place tombât en leur pouvoir pour transporter le matériel monétaire qui avait été organisé sur la ville de Reus.

LÉRIDA.

Si l'on considère avec attention la direction que les juntes de Catalogne cherchèrent à imprimer à toutes les ressources du pays, pour résister à l'invasion des

Français, on ne peut disconvenir que leur patriotisme ne fût à la hauteur des événemens. Elles sentirent toute l'importance qu'il y avait pour elles à faciliter aux habitans l'échange des matières d'or et d'argent entassées depuis des siècles dans les maisons et dans les communautés religieuses, contre de l'argent monnayé et à empêcher par ce moyen les émigrations qui auraient été la suite de l'exportation des métaux. Lérida placé dans le centre, Girone vers la frontière française, Tarragone, ville maritime, et Palma, entre Barcelone et Malte, offraient ce vaste réseau d'établissemens monétaires. Mais, pour obtenir la monétisation de toutes les valeurs qui existaient en Catalogne, il aurait fallu que ces villes eussent possédé un personnel capable de diriger cette opération et qui eût établi la valeur nominale par d'autres bases que celle du poids [1]. Il aurait fallu aussi que des décrets, nécessités sans doute par des besoins impérieux, n'eussent point porté les juntes à se saisir, tantôt d'une partie de l'argent possédé par les particuliers, tantôt à en exiger la moitié. Il résulta de la rigueur de ces décrets que la population chercha, en enfouissant les métaux, à se soustraire à ces dispositions tyranniques.

Bien que la junte centrale fût frappée de la lenteur des rentrées, elle ne se découragea point : elle crut que les pièces obsidionales, en étaient le principal motif. Pour faire cesser cet état de choses, qui compromettait ses moyens d'action, elle se décida à en-

---

[1] En Espagne on emploie le poids d'une monnaie pour désigner sa valeur nominale; ainsi on dit une once pour la quadruple, une demi once pour la demi quadruple. La junte appliqua aussi cette dénomination à la pièce de cuivre n° 25, valant 12 deniers majorquius.

voyer à chacune des villes qui avaient fabriqué des pièces obsidionales, des coins monétaires à l'effigie du souverain, espérant par ce moyen que les pièces frappées seraient reçues sans distinction dans les transactions privées. Mais l'imperfection du matériel destiné dans ces villes à la fabrication monétaire et la marche des Français sur les divers points de la province où ils acceptaient les impôts frappés sur la population en argent non monnayé, furent autant de causes qui forcèrent la junte à ne s'occuper exclusivement que de la monnaie de Reus.

Lérida a donné la pièce portée sous le N° 7. Le graveur oublia de mettre, après REY DE ESPAÑA, E INDIAS [1] (et des Indes.)

MONNAIE DE REUS ET DE TARRAGONE.

Les Français qui occupaient la ville de Reus, où ils restèrent depuis le 26 février jusqu'au 19 mars 1809, forcèrent la junte à faire suspendre les divers travaux qui devaient compléter le matériel de l'établissement monétaire qu'un arrêté du 31 mai avait fixé dans cette ville, comme point central.

Dans les premiers jours du mois de juillet, on frappa des piastres-fortes qui furent soumises à la junte, afin qu'elle pût juger du degré de perfection des espèces livrées et de la garantie qu'offrait leur titre. On en fit parvenir aussi dans les corrégimens pour vaincre le peu de confiance que ces nouvelles valeurs avaient dans la circulation.

[1] Salat.

Les Français s'étant de nouveau rapprochés de Reus [1], la monnaie fut encore transportée à Tarragone; mais cette ville ayant été évacuée le 14 avril 1810, la junte décida que la fabrication des monnaies de cuivre aurait lieu à Tarragone et que celle des espèces d'argent serait fixée à Reus. On n'avait point trouvé dans les murs de Tarragone un local convenable pour réunir les deux fabrications que des évènemens ultérieurs forcèrent cependant à y établir.

Il serait difficile de se faire une idée du découragement que jeta parmi les membres de la junte supérieure la stagnation des travaux monétaires, occasionnée par le séjour des Français à Reus et par une maladie du graveur F. Joaquin [2]. L'armée vit tomber tout à coup le prestige que des livraisons régulières d'espèces monnayées avaient entretenu dans ses rangs; il en résulta une démoralisation plus funeste encore que des défaites. On vendit à vil prix des matières d'or et d'argent, pour satisfaire aux besoins les plus pressans [3]. La junte ne put se dissimuler qu'un dernier effort devait être tenté pour assurer la solde des troupes qu'un sentiment d'honneur national retenait encore sous les drapeaux. Dans une circulaire du 18 juillet 1809, elle fait entendre son cri de détresse; elle avoue que *les sacrifices faits jus-*

[1] Amat.

[2] Ce religieux étant tombé malade, on fut obligé de suspendre les travaux jusqu'à son rétablissement (Amat).

[3] *Harto nuestros ejercitos y el gobierno de algunas provincias se vieron muchas veces obligados para ocurrir á extremas urgencias del momento, á la sensible precision de vender con notable quebranto los metales ricos que recibian de la contribucion sin amonedar*, (D. J. de Amat).

qu'ici ne sont pas suffisans, qu'il en faut de nouveaux et de plus grands, ...que le seul moyen de sauver la patrie est d'exiger la remise de la moitié de l'argent possédé par les particuliers......

Ces circulaires, ces proclamations, connues des chefs habiles que la France avait placés à la tête de ses armées, firent sentir à ceux-ci combien il importait d'occuper le plus promptement possible la ville de Reus, afin de paralyser les ressources que ces diverses dispositions devaient procurer. Une expédition fut donc dirigée sur cette ville. On ne put toutefois s'emparer du matériel monétaire, qui fut enlevé par les Espagnols la veille de l'occupation de Reus (15 août 1810).

Ce matériel se trouvant forcément réuni à celui de Tarragone, on disposa un local qui pût permettre de se livrer simultanément aux deux fabrications de l'argent et du cuivre. Un hospice [1] dépendant d'un couvent reçut cette destination. La fabrication acquit un degré de perfection difficile à concevoir. Les coins des monnaies d'argent, des sols et des médailles, frappées à Tarragone, décèlent, dans les hommes chargés de la direction de cet établissement, des connaissances pratiques qui les placent parmi les économistes et les artistes les plus distingués.

N° 8. — Cette pièce obsidionale, frappée à Tarragone, ne porte point, comme celles de Girone et de Lérida, le nom de la ville où elle a été émise. La pile indique la valeur de la monnaie (5 pesetas), le nom du souverain (FERDINAND VII) et l'année (1809). Le revers représente les armes de la province, avec

[1] C'était une chartreuse appelée *scula-dei*, Salat.

cette seule différence que le graveur mit cinq barres au lieu de quatre que porte le blason de la province. Il oublia d'y placer l'orle[1].

Les monnaies livrées par l'établissement de Reus et de Tarragone ont trois initiales : C. S. F. : la première désigne la Catalogne[2] et les deux autres les noms des essayeurs Sala et Ferrando (*V.* les Nos 9, 10, 11, 12, 13, 14, 15).

Le personnel de la monnaie de Reus était ainsi composé :

Un directeur et administrateur.

Un contador, emploi correspondant à celui de contrôleur au change dans les monnaies de France.

Un trésorier, chargé de la réception des métaux.

Deux essayeurs. L'alliage des fabrications et l'essai des matières versées, dont ils déterminaient le fin et la valeur, étaient dans leurs attributions.

Un mécanicien et garde des coins. F. Joaquin réunissait cette double qualité que personne ne pouvait lui disputer.

Un employé supérieur, chargé de la direction des travaux.

Deux monnayeurs.

La comptabilité de cet établissement se réglait par des états quadrimestriels. Ces administrateurs modifièrent le tarif de Philippe V, pour les versemens des

---

[1] Salat
[2] En 1810, on a frappé à Cadix des pièces qui ont également un C, mais avec une couronne au-dessus pour indiquer que le pouvoir suprême résidait au sein de l'assemblée des cortès (Salat).

matières d'or. Au lieu de prendre pour base du prix de l'or le titre de 22 karats (0,916,667), auquel on réduisait à Madrid le poids du fin contenu dans les matières portées à la monnaie, on imita l'exemple de Barcelone, qui avait gradué le prix de la matière selon la quantité d'alliage qu'elle contenait. Le tarif des matières d'argent fut aussi amélioré, mais dans des proportions très faibles.

La junte sentant l'importance de conserver le matériel monétaire de Reus qui lui avait rendu de si grands services et qui pouvait être encore appelé à lui en rendre, ne voulut point l'exposer aux chances du siége de Tarragone que les Français pressaient vivement. Elle décida, le 9 mai 1811, qu'il serait dirigé sur les îles Baléares, et qu'on ne laisserait dans la place que les seuls objets nécessaires pour frapper les matières non fabriquées et celles qui pourraient être encore réunies. Ce matériel arriva le 2 juin à Palma. Son établissement éleva de suite la valeur de l'argent dans ces îles de 20 p. % et diminua l'exportation de ce métal qui était dirigé sur Malte et les côtes d'Afrique[1].

Voici l'état des fabrications faites à Tarragone, ainsi qu'il résulte des comptes publiés [2] :

---

[1] Amat.
[2] Dans ce tableau ne figurent point les monnaies obsidionales livrées par les villes de Girone, Lérida, Tarragone et Palma.

NATURE des ESPÈCES.	DÉSIGNATION des PIÈCES.	POIDS DÉCIMAL dans la circulation.	NOMBRE DES PIÈCES		
			ANTÉRIEU-REMENT au 20 juillet 1813.	DEPUIS le 20 juill. 1813.	TOTAL des fabrications.
Or.......	quadr. ou 8 écus..	gram. 26,95	623	»	623
	½ de quadruple ou 2 écus.........	13,45	7,959	578	8,537
Argent...	duros (*pesos fuert.*).	26,90	354,546	1,400	445,946
	medios duros......	13,38	186,876	18,139	205,015
	pesetas...............	5,70	1,400,198	111,540	1,511,738
	medias pesetas.....	2,85	78,000	4,000	82,000
	realillos...............	1,39	14,400	12,250	26,650
Cuivre...	6 cuartos............	15,29	1,781,830	54,145	1,835,975
	3 id.	7,64	3,704,980	508,300	4,213,280
	2 id.	5,50	40,800	233,325	274,125
	1 id. ½.........	4,30	396,780	»	396,780
	1 id.	3,18	50,490	148,920	199,410
	½ id. ú ochavo.	1,80	178,500	176,480	355,980
	sueldos mallorq..	7,65	750,000	»	750,000

PALMA.

Les Nos 17 et 18 sont des pièces obsidionales qui ont été fabriquées en 1808 aux îles Baléares. Les trente sols majorquins représentent la valeur de la piastre forte. Le graveur ne mit que trois barres au lieu de quatre que portent les armoiries des îles[1].

De toutes les pièces obsidionales, le N° 18 est celle qui a été fabriquée avec le plus de soin. Le filet qui règne autour de sa forme octogone, la netteté de la gravure, rendent cette pièce très curieuse. N'ayant point de cordon, elle est facilement altérée.

Les monnaies de cuivre des îles Baléares se divisent en *sous*, *tresetas*, *dobleros* et *deniers;* en 1812, la junte décida qu'il serait frappé vingt-deux quintaux en pièces majorquines, qui ne devaient contenir aucune partie d'argent. Dans les quatre premiers mois de cette année, 750,000 de ces pièces, pesant chacune quatre *adarmes*, furent mises en circulation.

De tous les faits recueillis, il résulte que si les juntes de Catalogne n'eussent point trouvé, par la création de fabriques de monnaie, les ressources qu'elle leur procura, en donnant une valeur monétaire à des valeurs inactives, les forces qu'elles appelèrent, au nom de la religion et de Ferdinand VII, à la défense du territoire envahi, n'auraient pu recevoir le développement qu'elles acquirent, en 1808, 1809, 1810 et 1811, époque à laquelle ces établissemens cessèrent pour la plupart leurs travaux. Les généraux espagnols, en vendant à vil prix, comme ils furent forcés de le faire alors, les métaux précieux qui leur étaient livrés et qu'ils n'avaient plus les moyens de

[1] Salat.

faire fabriquer, purent bien soutenir encore l'élan national que maintenaient aussi des subsides étrangers; mais il faut reconnaître que, dès ce moment, l'influence de la junte centrale ne fut plus la même et que les opérations militaires perdirent beaucoup de leur ensemble. Il était d'ailleurs difficile de résister à des hommes tels que les Decaen, les Suchet, les Lamarque, les St.-Cyr, etc., dont les talens administratifs ne le cédaient pas à la gloire militaire; ils firent échouer tous ces efforts, et assurèrent à la France la conquête de la province de Catalogne, que les événemens de 1813 et 1814 purent seuls lui ravir.

Les modifications apportées dans la valeur des matières, soit par le titre des espèces d'argent essayées aujourd'hui par la voie humide [1], soit par l'adoption de l'ordonnance royale qui fixe un nouveau tarif [2] pour les valeurs versées au change des hôtels des monnaies, m'engagent, dans l'intérêt du commerce, à soumettre toutes les pièces qui ont cours en Catalogne aux dispositions de ces deux ordonnances. Je vais aussi faire connaître deux pièces, dont l'une d'origine française a été refrappée en Espagne, et dont l'autre a été fabriquée en 1823 aux îles Baléares.

Par suite de diverses opérations de banque, le commerce fit des achats en France de pièces duodécimales d'argent de 3 francs. Ces pièces presque effacées furent expédiées sur Barcelone, où elles étaient acceptées pour 2 *pesetas* 3 *réaux*. En avril 1820, ces petits écus n'eurent plus de cours en Catalogne, bien qu'ils fussent reçus dans le royaume de Valence.

---

[1] Ordonnance royale du 10 juin 1830.
[2] *Idem* du 30 juin 1835.

Une baisse de 10 p. %, ayant affecté cette valeur, compromit plusieurs maisons françaises. La quantité de petits écus qui circulaient en Espagne et dont les empreintes et les poids laissaient tant à désirer, engagea le gouvernement à les faire refrapper comme demi-piastre. C'est sous cette nouvelle forme que ces pièces sont rentrées en France. Le nom de *resellada* leur est resté.

La bordure à fleurons de la pièce N° 18, dans laquelle se trouve une petite couronne de lauriers, où sont placés les mots *Yslas Baleares* et le millésime 1823, et qui offre sur l'autre côté une légende écrite dans l'idiome vulgaire de Majorque, est d'autant plus remarquable qu'un chiffre arabe a été substitué aux chiffres romains employés ordinairement pour désigner le chef de l'état. Quelle a été la cause de l'émission de ces monnaies aux îles Baléares, alors que Barcelone, centre de la province, n'était point occupée par les Français? c'est ce que je n'ai pu savoir encore. Faudra-t-il dire cependant que cette monnaie n'est pas au titre des monnaies de la Péninsule? Faudra-t-il dire ce qu'une pareille émission aurait eu de fâcheux pour le commerce, si le type et le poids de la piastre eût été reproduit et si on avait livré à la circulation de fortes sommes monnayées?

Cette pièce devient très rare aujourd'hui; elle contient 0,001,35 d'or. Les coins qui ont servi à son frappage offrent des légendes différentes : ainsi une de ces pièces au lieu de porter Ferdinand VII, roi d'Espagne et des Indes, le désigne par *Fernando 7° P. la G. de Dios y la Const.* [1].

---

[1] Cette dernière pièce existe au médaillier monétaire de la com-

Peut-être ne devais-je pas terminer ce travail sur les monnaies d'Espagne, sans dire qu'un jour le commerce des métaux sera de nouveau appelé dans ce royaume. Qui peut douter, en effet, que l'Espagne, venant à reconnaître l'indépendance des Amériques, n'obtienne par des traités de nouvelles communications commerciales avec des populations qui ont conservé son langage, ses mœurs et sa religion? Si les navires espagnols étaient traités comme nationaux par ces républiques, qui peut douter aussi que l'entrepôt des manufactures du nord de l'Europe ne vînt à s'établir de nouveau, dans les ports de l'Espagne? Je pourrais dire aussi que la Péninsule, avec ses immenses produits agricoles, qui sont de première nécessité pour nos manufactures et que notre sol ne nous permet de donner ni au même prix ni de la même qualité, est appelée à reconquérir peut-être la prééminence que ses richesses métalliques lui avaient acquise dans le dernier siècle. L'état de l'Espagne, déchirée par la guerre civile, ne permet de rien préciser sur des hypothèses qui ne peuvent s'accomplir qu'avec la paix intérieure.

Voici le tableau synoptique des monnaies qui ont cours en Espagne :

---

mission des monnaies et médailles à Paris. Elle se trouve dessinée et décrite dans un mémoire que j'ai adressé, en 1832, à M. le comte de Sussy, pair de France, président de la commission.

MONNAIES D'OR D'ESPAGNE, D'APRÈS MM. BONNEVILLE, SALAT, etc., etc.

MONNAIES D'OR NON FRAPPÉES AU BALANCIER ET DONT LES PLANS N'ONT PAS ÉTÉ DÉCOUPÉS UNIFORMÉMENT.

DÉSIGNATION DES	4 pistoles de Philippe IV à la croix potencée et aux armes.	Idem, sans millésime.	Double pistole idem.	Demi pistole dite cornue.	Double Pistole du Mexique, idem.	Pistole. idem, idem.	Pièce de 4 pistoles de Charles II, PÉROU. (C. II. D. G.)	Double pistole idem, idem.	Quatre Pistoles de Philippe V.	Double pistole du Pérou.	4 pistoles à la croix potencée et aux armes. 1752.
Poids..........	gram. 26,876	26,876	13,438	3,346	13,385	6,745	26,770	13,385	26,982 0,904 0,902	13,385	26,982
Titre...........	0,905	0,909	0,908	0,911	0,901	0,904	0,908	0,906		0,875	0,908
Valeur du kilo. d'après	f. c.	f. c.	f. c.	f. c.	f. c.	f. c.	f. c.	f. c.	f. c. 3,107 75 3,100 88	f. c.	f. c.
le tarif.........	3,143 57	3,124 94	3,121 50	3,131 82	3,097 44	3,107 75	3,121 50	3,114 63	3,008 06	3,121 50

PHILIPPE V.	Quadruple frappé au balancier et à la toison. (1723).	Deux pistoles, idem. (1722).	Pistole à la croix et à l'écusson simple. (1701).	Demi pistole. (1723).	Quart de pistole. (1723).	Quadruple à l'effigie vieux coin. (1740).	Demi quadruple. (1738).	Pistole. (1741).	Demi pistole. (1739).	Petit écu d'or. (1744).	Quadruples et leurs divisions. FERD. VI. 1750 à 1756. (Ces pièces ont le même poids que celles de Ph. v.)	P.tit écu d'or ou vinteten. FERD. VI. (1750).
Poids...	26,876	13,385	6,692	3,346	1,753	26,982	13,491	6,491	6,745	1,753	1,752 1,756	1,753
Titre...	0,906	0,906	0,906	0,906	0,904	0,909	0,909	0,909	0,908	0,896	0,908 0,917 0,909	0,897
	f. c. 3,114 63				f. c. 3,107 75		f. c. 9,124 94		f. c. 3,121 50	f. c. 3,080 25	f. c. 3,121 50 3,152 44 3,124 94	f. c. 3,082 69

[1] Tous les essais qui ont été faits à la m maie de Perpignan sur les monnaies d'Espagne, ont constamment accusé les mêmes titres et les mêmes poids que ceux indiqués par Bonneville. J'ai donc cru devoir reproduire son travail, en consignant toutefois les nouveaux résultats que 17 années de travaux, comme fonctionnaire, m'ont permis de recueillir.

CHARLES III.	FABRICATIONS ANTÉRIEURES A 1764.				FABRICATIONS DE 1764 A 1772.					FABRICATIONS DE 1772 à 1785.		
	Quadruple vieux coin. (1762).	Demi quadruple écusson simple. (1760).	Demi de idem. (1763).	Durillo ou veinteu. (1761).	Quadruple vieux coin. (1767).	Double pistole. (1764).	Pistole. (1765).	Demi pistole. (1770).	Durillo, ou coronilla. (1769).	Quadruple demi quad. et pistole. (1782).	Demi pistole. (1780).	Petit écu d'or ou durillo. (1774).
Poids...	26,982 (1761). (1762).	13,491	6,745	1,753	26,982	13,491	6,745	3,346	1,753	(Le poids varie pns.)	3,346	1,753
Titre...	0,909 0,917	0,914	0,911	0,901	0,909	0,909	0,909	0,909	0,896	0,893	0,891	0,885
Valeur au tarif.	f. c. 3,124 94 3,152 44	f. c. 3,131 82		f. c. 3,097 44	f. c. 3,124 94					f. c. 3,080 25 3,069 94	f. c. 3,063 06	f. c. 3,042 43

Depuis 1785, le titre moyen n'est qu'à 0,872. Bonneville a trouvé des pièces à 0,876, comme il y en a d'autres à 0,850 et même à 0,841. Quelle que soit l'opinion émise sur les quadruples nouvelles et leurs divisions, je persiste à dire que si le gouvernement espagnol a eu pour but d'empêcher l'exportation de l'or, en offrant tant de variations dans le titre de la quadruple, il a facilité aussi la mise en circulation d'une quantité énorme de pièces fausses, qui finiront par affecter la valeur nominale que cette monnaie a dans le commerce.

GUERRE DE L'INDÉPENDANCE.

N.° des planches.	DÉSIGNATION DES PIÈCES.	POIDS.	TITRE.	VALEUR ou tarif.
		gram.		f. c.
9	Quadruple frappée à Tarragone, en 1809.	26,975	0,885	3,042 43
10	1/4 de idem............... 1809.	13,487	0,885	3,042 43
4	20 pesetas, idem, à Barcelone 1812	6,750	0,886	3,045 87

MONNAIES D'ARGENT D'ESPAGNE.

FLANS IRRÉGULIERS.

DÉSIGNATION.	PIASTRE					PHILIPPE V. D. G.				
	Vieille du Mexique 8 réaux de plata. (1753).	Dite Péruvienne. (AÑO).	Carrée du Mexique. (1747).	Demi P. carrée. (1732).	Pièce de 2 réaux de plata vieille. Cn. r. III (1707).	Piastre. (1734).	Demi piastre. (1731).	Pièce de 2 réaux. (1721).	Réal. (1721).	Demi réal. (1721).
Poids..........	gram. 26,876	gram. 26,770	gram. 26,982	gram. 13,385	gram. 5,524	gram. 26,8-6	gram. 13,491	gram. 5,36	gram. 2,868	gram. 1,487
Titre...........	0,914	0,910	0,907	0,907	0,910	0,910	0,910	0,817	0,817	0,817
Valeur du kilo. d'après le tarif...	f. c. 201 08	f. c. 200 20	f. c. 199 54		f. c. 200 20	f. c. 200 20.			f. c. 179 74.	

PHILIPPE V ET CHARLES III.

DÉSIGNATION.	Aux deux Globes PHILIPPE V ET CHARLES III				
	Piastre dite Mexicaine.	Demi piastre.	Peseta du Mexique.	Réal de plata, idem.	Réalillo ou demi réal de plata.
Poids..........	gram. 24,982	gram. 13,491	gram. 6,692	gram. 3,346	gram. 1,753
Titre...........	0,910	0,910	0,910	0,910	0,910
Valeur du kilo. d'après le tarif...	f. c. 200 20				

FABRICATION DE 1772.

	PIASTRE NEUVE DU MEXIQUE, OU COLONARI.					SÉVILLANES OU PIASTRES NEUVES.								
	Piastre.	Demi piastre.	Peseta ou 1/4 de la piastre.	Réal de plata.	1/2 Réal ou réalillo.	Piastre.	Demi piastre.		Peseta ou 1/5 de la piastre.		nouveau réal de plata ou 1/2 peseta.		Nouveau 1/2 réal.	
							Charles III.	Charles IV.	Charles III.	Charles IV.	Charles III.	Charles IV.	Charles III.	Charles IV.
Poids...	gram. 26,982	gram. 13,491	gram. 3,344	gram. 3,346	gram. 1,753	gram. 26,982	gram. 13,491	gram. 13,385	gram. 5,842	gram. 5,736	gram. 2,921	gram. 2,921	gram. 1,487	gram. 1,487
Titre......	0,900	0,900	0,896	0,896	0,896	0,900	0,900	0,900	0,817	0,806	0,813	0,806	0,813	0,806
Valeur au tarif..	f. c. 198 "		f. c. 197 12			f. c. 198 "			f. c. 179 74	f. c. 177 32	f. c. 178 86	f. c. 177 32	f. c. 178 86	f. c. 177 32

FABRICATION DEPUIS 1808.

Noms des villes...	BARCELONE			GIRONE		LÉRIDA	REUS ET TARRAGONE				PALMA (Majorque.)		
Années de l'émiss.	de 1808 à 1814.			de 1808 à 1809.		1809.	de 1809 à 1811.				1808 à 1814.	1823.	
Valeur nominale...	5 pesetas.	2 p. 1/2. pesetas.	3. pesetas.	duro.	5 pesetas.	5 pesetas.	5 piastre.	1/2 piastre.	1/2 peseta.	Réal de veillon.	30 sols.	30 sols.	5 pesetas.
Nº des planches...	1.	2.	3.	5.	6.	7.	8.	11.	12.	13.	14.	15.	17.	16.	18.
Poids........	gram. 26,914	gram. 13,383	gram. 5,750	gram. 26,762	gram. 26,850	gram. 26,825	gram. 26,803	gram. 26,880	gram. 13,391	gram. 5,672	gram. 2,852	gram. 1,450	gram. 26,708	gram. 26,780	gram. 26,904
Titre........	0,901	0,901	0,806	0,860	0,860	0,380	0,860	0,900	«	«	9,796		0,870		
Valeur au tarif...	f. c. 198 22		f. c. 177 32	f. c. 189 20		f. c. 193 60	f. c. 189 20	f. c. 198 «			f. c. 175 12		f. c. 191 40		

DÉSIGNATION DES PIÈCES.	Poids moyen dans la circulation.	TITRE.	Valeur au tarif
Piastres de Ferdinand VII...... (1)	gramme. 26,903	0,900	f. c. 198 «
Idem, de Joseph Napoléon..	26,976	0,911	204 40
Resellada............	13,955	0,911	
Piastre de Colombie...........	26,970	0,901	198 22

Nota. Toutes les matières au-dessous du titre monétaire, sont passives du droit d'affinage fixé par l'ordonnance royale du 15 octobre 1828. (Tarif des matières d'or et d'argent annexé à l'ordonnance du 20 juin 1835). Ce tarif détermine le titre moyen des matières d'or ainsi qu'il suit :

Avant 1772, 0,909, soit 3,104 f. 94 c.
Mexicaines, 0,908, id. 3,121 50.
Péruviennes, 0,897, id. 3,083 69.
De 1772 à 1780, 0,893, id. 3,369 94.

(1) Ces pièces ont été fabriquées à Madrid avec des écus de 6 liv., dont le titre n'a pas été altéré.

1.

2.

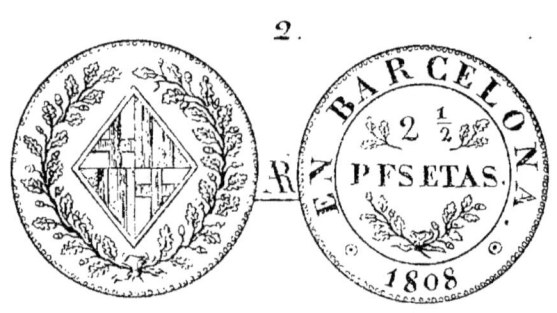

3.

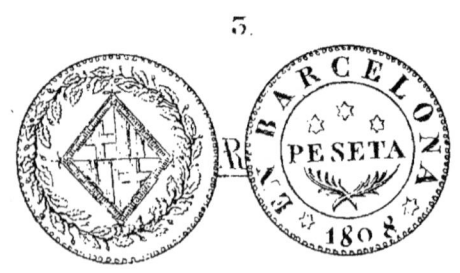

4.

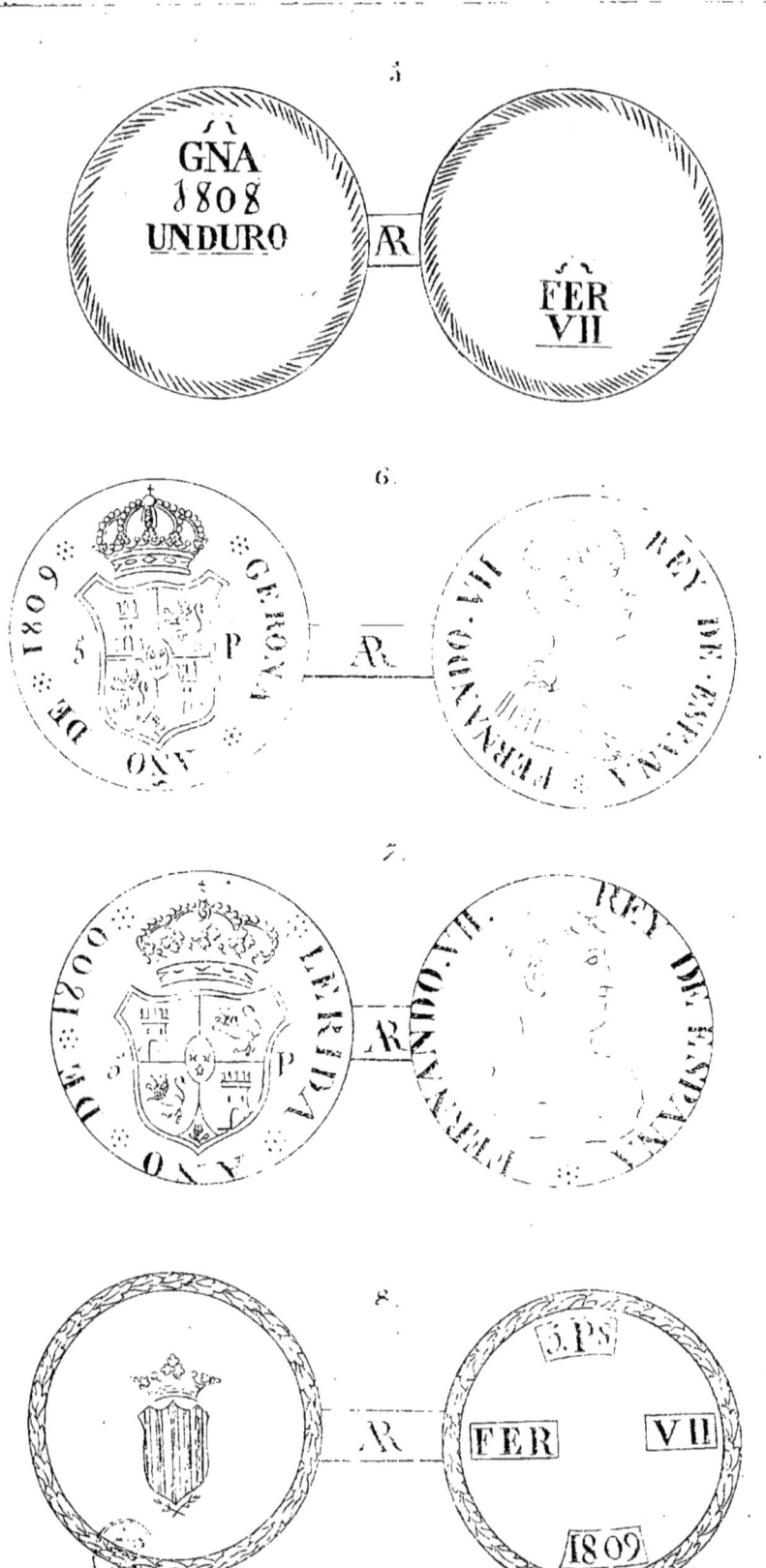

9.

10.

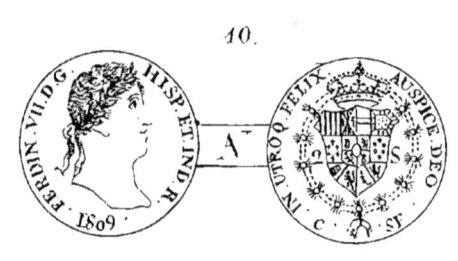

11.

12.

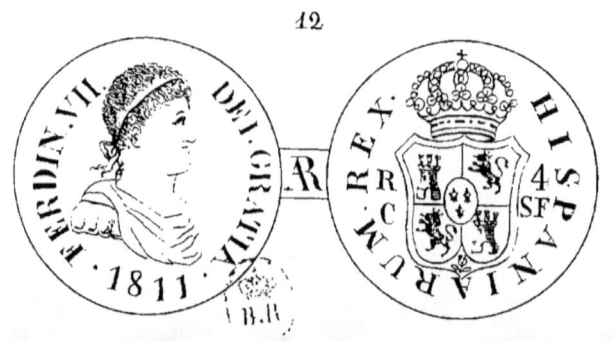

13.

14. 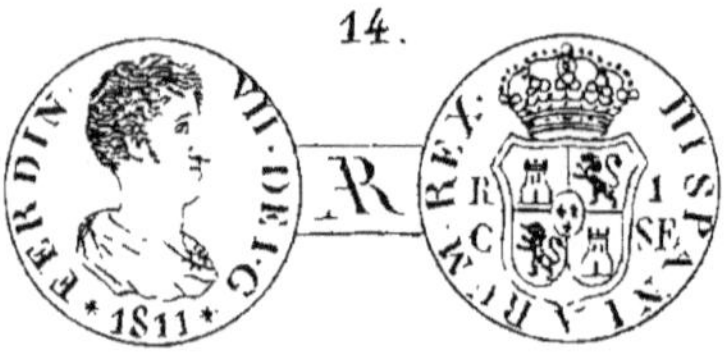 15.

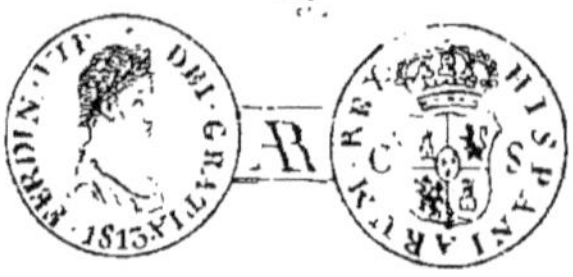

16.

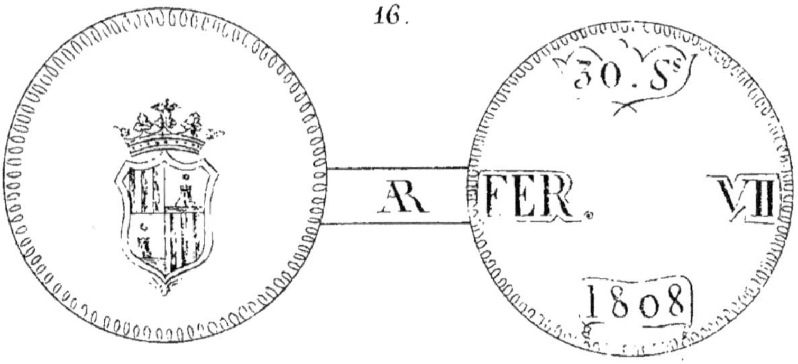

17.

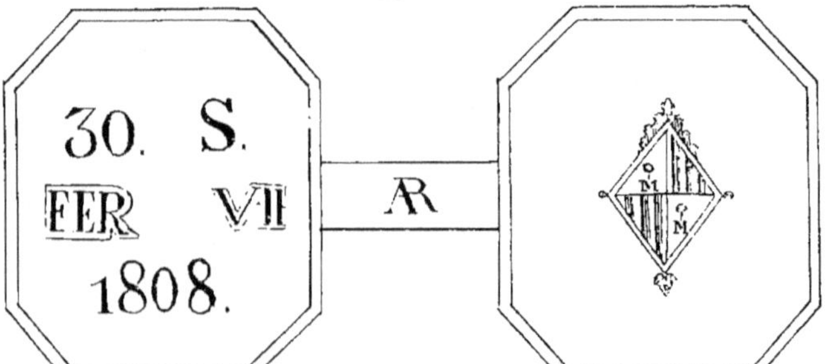

18.

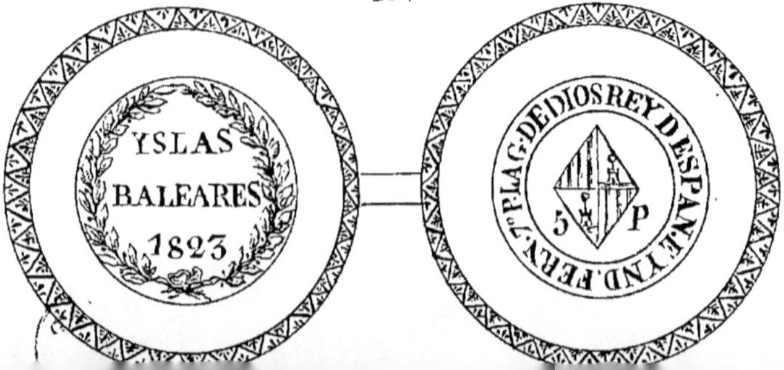

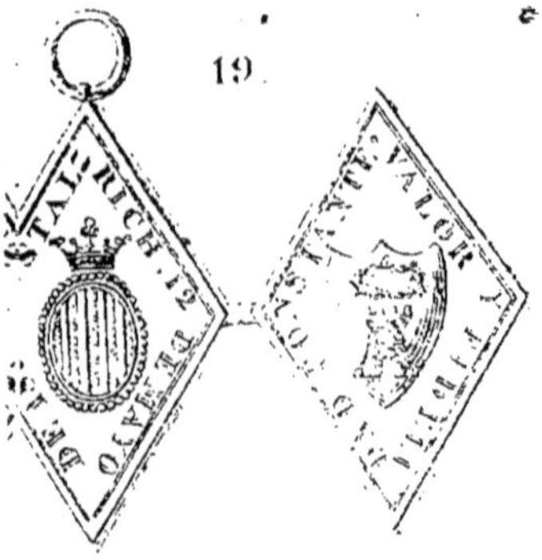

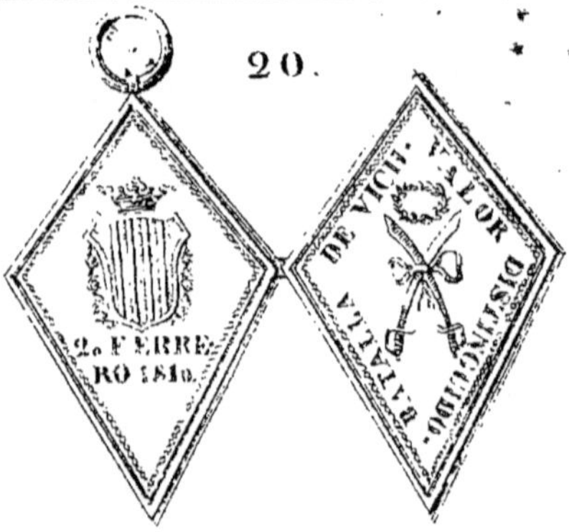

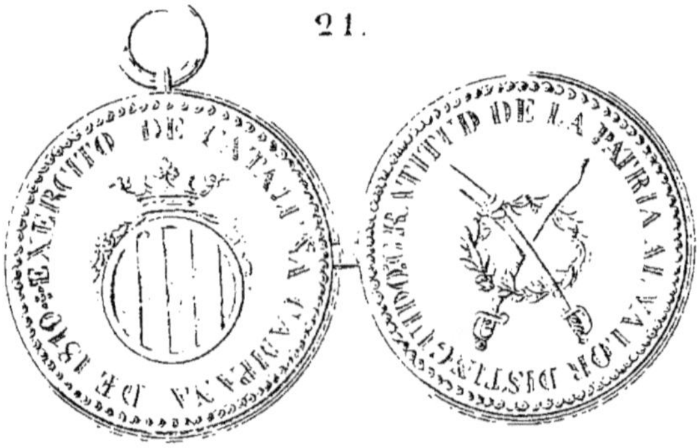

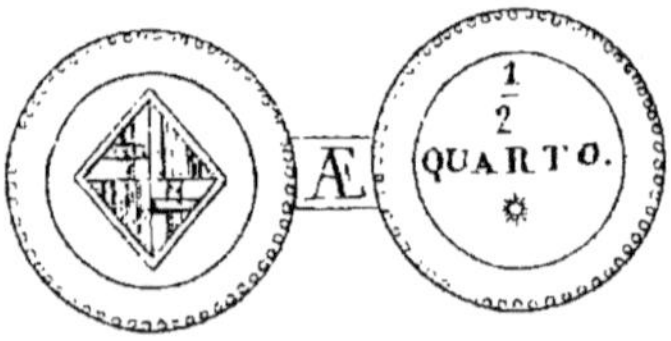

www.ingramcontent.com/pod-product-compliance
Lightning Source LLC
Chambersburg PA
CBHW061007050426
42453CB00009B/1302